LE CHRISTIANISME

L'EMPIRE ET L'OUVRIER

LE CHRISTIANISME

L'EMPIRE ET L'OUVRIER

OU

BIENFAITS DU CHRISTIANISME ET DE L'EMPIRE

EN FRANCE

PAR

UN SOLDAT DE L'ARMÉE D'ITALIE

NIMES

Imprimerie ROGER et LAPORTE, place Saint-Paul, 5

—

1866

A Sa Majesté l'Impératrice

LE CHRISTIANISME

L'EMPIRE ET L'OUVRIER

A SA MAJESTÉ

L'IMPÉRATRICE EUGÉNIE

Auguste Souveraine, que la France heureuse chérit et vénère, permettez à un obscur, mais fidèle et sincère sujet, de présenter à Votre Majesté, le fruit bien médiocre de ses veilles et de lui exprimer ses hommages respectueux de profonde admiration et de vive reconnaissance pour tous les bienfaits qu'elle ne cesse de répandre sur les classes laborieuses et souffrantes.

Madame, né d'une famille d'artisans, tour à tour artisan moi-même, militaire, puis employé subalterne d'administrations, j'ai vu, jeune, de grandes douleurs. Bien des fois, j'ai dû verser des larmes sur des malheurs qui, n'étant pas les miens, me touchaient de près pourtant, parce que c'étaient les malheurs de mes frères, les ouvriers. Bien des fois, j'ai eu à déplorer, pour eux, les durs traitements de certains chefs, qui, abusant d'une autorité médiocre, les commandent avec arrogance et

mépris, quelquefois même, et sous un pré-
texte faux et odieux, poussent la cruauté
jusqu'à leur ravir, avec le travail, la nourriture de leurs enfants, et parce qu'un
homme honnête n'aura pu satisfaire à leurs
exigences brutales, à un crime peut-être,
ils le plongent dans l'affreux excès d'une
misère intolérable, qui nécessairement
pousse au désespoir. Puis l'ouvrier est
accusé d'insoumission, de révolte !

Non, l'ouvrier n'est pas insoumis, il
n'est pas révolutionnaire : depuis vingt
ans je l'examine dans les plus vastes
ateliers de la France. Partout, au contraire, même dans ses labeurs les plus
pénibles, je le retrouve docile, et deman-
dant la tranquillité intérieure surtout,

qui seule peut lui garantir une vie heureuse.

Pour lui, paix, travail et pain sont des synonymes. Napoléon III l'a bien compris, lorsque, sauvant la France de l'anarchie qui depuis longtemps la déchirait, lorsque ralliant au drapeau de l'ordre les partis en disputes continuelles et les opinions contraires, qui, par leurs désaccords incessants, nous préparaient des jours funestes, il a proclamé la paix en proclamant l'Empire. Et si au loin il a porté ses armes triomphantes, c'est qu'il y avait en Crimée l'invasion à arrêter; en Lombardie, la tyrannie à détruire; en Syrie, un sang pur à venger; en Chine, l'esclavage à abolir; au Mexique, la révolte à enchaîner et non une futile ambition à satisfaire, un vain caprice de guerre à contenter.

Je l'ai entendu, à Marignan, déplorer une bataille glorieuse et nécessaire parce que, disait-il, le sang français avait coulé. Je l'ai vu, dans les hôpitaux de Milan, prodiguer lui-même des soins aux blessés, mes camarades.

Doué d'un esprit si noble, ce grand Prince qui doit manifestement aux vues mystérieuses de la Providence, d'être assis sur le trône de Charlemagne, sait que son nom ne peut pas être seulement le symbole de la force, mais qu'il doit être en même temps celui du bonheur de ses sujets.

En effet, s'il a rendu à la France son rang élevé au dessus des autres nations, ce rang que lui avaient assuré Louis XIV et Napoléon Ier, et qu'elle avait perdu depuis bien des années, si pour remparts infranchissables, il lui a donné des montagnes de granit, il a bien plus songé encore à lui garantir, par le travail, sa prospérité intérieure ; et tous les jours il fonde ces vastes chantiers, où la classe ouvrière va trouver ses moyens d'existence. Si une marine formidable, si une armée invincible, qui ne cessent de faire leurs preuves, proclament au dehors le premier peuple du monde, ce peuple, plus occupé de civiliser les vaincus que de les conquérir, au dedans l'industrie et l'agriculture, grandissant dans des proportions surprenantes, attestent le peuple le plus heureux de l'univers.

Partout s'exécutent des entreprises hardies et nécessaires avec une rapidité qui étonne : les marais desséchés deviennent fertiles et salubres ; les champs, jusque là incultes, se couvrent d'abondantes moissons ; les montagnes arides se parent de riches forêts ; les vignobles croissent et se multiplient dans les terrains autrefois délaissés. Des ports immenses, profonds et sûrs, reçoivent, de tous les pays, les richesses nombreuses que nos voies ferrées, perçant les montagnes, franchissant les vallons, répandent bientôt dans nos provinces les plus lointaines. A leur tour nos vaisseaux, fendant les mers, portent dans les terres reculées les productions savantes d'une nation laborieuse. De toute part les étrangers accourent admirer la fertilité industrielle de nos campagnes et l'embellissement sain et utile de nos cités opulentes, dont les rues, naguères étroites et sinueuses, entretenaient avec un air vicié les germes de tant de maux. Désormais les rivières, renfermées dans leurs lits, n'iront plus, de leurs flots dévastateurs, détruire l'espérance de nos campagnes et porter la mort dans nos villes. De vastes monuments de bienfaisance, que la postérité regardera étonnée, demeureront preuve impérissable qu'un magnanime Souverain mit ses soins et sa gloire à la félicité de son peuple, et que, tout en garantissant le travail et portant l'aisance à l'ouvrier valide, sa

pensée pourvoyante assura aussi à l'infir-
mité, à la vieillesse, un asile sacré où
règne encore l'abondance. Tant de zèle
pour le bonheur de sa patrie, d'aussi grandes vertus, font taire enfin, et la haine
envieuse, et la calomnie trompée. De longues années d'un règne de victoires et de
prospérité nous disent assez quel sera
l'avenir.

Aussi l'humanité qui est la règle de conduite de l'Empereur, sa bonté pour ses
sujets qui est le fond de son caractère, lui
ont fait choisir une compagne digne de lui,
digne de la France surtout; et la nation
ne cesse d'admirer sa Souveraine, qui, des-
cendant les marches de son trône et sor-
tant de son palais, va, je le sais, chercher

dans la mansarde la misère honteuse et cachée, et prodiguer, je l'ai vue, dans les rues, des caresses aux petits enfants de l'humble ouvrier, caresses dont ils sont tant fiers. Bien plus encore, son amour pour le pauvre dépassant son pouvoir, et parce que, seule, elle ne suffit pas à soulager toutes les souffrances , à essuyer toutes les larmes, elle invite les conditions les plus élevées à lui venir en aide, et nous voyons de nobles dames, d'éminents personnages entraînés par le pieux exemple de Sa Majesté l'Impératrice, abandonner les délices de la fortune dans les salons somptueux, et sous le chaume distribuer à l'indigence, non-seulement ces richesses qu'ils tiennent du ciel, mais encore ces dons qu'ils ont mendiés eux-mêmes, comme si de trop grands revers les y obligeaient.

Le monde tout entier, Madame, vous félicite ; les œuvres de bienfaisance vous appellent leur protectrice et les douleurs vous nomment leur mère. Les ouvriers vous bénissent de les avoir dotés de la société du Prince Impérial, société active dont le zèle, dépassant tout éloge, leur procure, par un généreux désintéressement, une aisance assurée. Le jeune Prince, l'âme de cette légion sainte, est né dans la confiance de son peuple, il grandit dans les vertus qui soutiennent les trônes, bien plus encore que ne les peuvent soutenir les armées nombreuses et vaillantes, parce que, s'attachant l'affection de ses sujets par des bienfaits sans nombre, il leur fera porter bien doux le joug d'une couronne, que le vice n'aura jamais avilie et que les grandes qualités du cœur et de l'intelligence, qui le distinguent déjà noblement, rehaussent bien plus encore que l'or et les pierreries. Attente précieuse de notre pays, il est bien cher à toutes les classes. A la pauvreté, en naissant il lui vient en aide ; à la fortune, en grandissant il lui montre, par un généreux exemple, une généreuse règle de conduite ; à l'armée, enfin, fière de compter dans ses rangs le fils du Souverain qu'elle aime avec raison.

Si donc l'empereur Napoléon III est la garantie de l'ordre, du repos public, de la propriété et du travail, si l'Impératrice Eugénie est le soutien infatigable de la souffrance, notre bien-aimé Prince Impérial est la certitude trop heureuse de la longue prospérité de la France.

Puisse, Madame, ce tout petit écrit, dicté par la conscience et l'admiration, présenter à Votre Majesté la grande reconnaissance des ouvriers qui mettent en vous leur espérance infaillible ! Puisse-t-il exprimer à leurs désintéressés bienfaiteurs et bienfaitrices, leurs remerciements sincères pour tant d'efforts à seconder dignement la famille impériale qui partout trace la ligne des bontés et ne cesse de donner l'exemple des vertus. Mais il reste encore bien des douleurs à calmer, bien des misères à adoucir, bien des faims surtout à apaiser.

Donnez, riches; donnez au pauvre ouvrier.

Les impies vous diront : Ne donnez pas à l'ouvrier; c'est l'encourager à l'oisiveté, à la débauche, il ne veut plus rien faire, il devient indocile et envieux de vos fortunes, il renverse les trônes pour s'emparer de vos propriétés, égorger vos femmes et vos enfants.

Au contraire, réduisez son salaire; obligez-le à des labeurs plus longs et plus pénibles sans jamais lui laisser le moindre repos, vous le rendrez ainsi souple et soumis, et vous n'aurez plus rien à craindre. Sachez le dompter par la misère comme on dompte les animaux féroces; si la misère le tue, que vous importe sa mort, vous n'en serez que plus tôt débarrassés. Il y a beaucoup trop d'ouvriers sur la terre, moins il y en aura plus vous serez heureux et tranquilles.

Riches, fuyez les impies insatiables des malheurs du monde; ils se plaisent dans le crime et sèment partout la discorde farouche et la noire envie, afin d'être vos maîtres et les tyrans de l'ouvrier, afin de régner sur vous par l'anarchie et le meurtre, et sur lui par les grandes douleurs et le désespoir cruel ; car les impies qui vous tiennent ce langage, disent en même temps à l'ouvrier : Pourquoi restez-vous dans la pauvreté, lorsque le riche vit dans l'opulence et vous abandonne sans pitié à votre misère. Vous êtes dans les pleurs, et près de vous il se gorge de plaisirs ! Pour demeure, à peine si vous rencontrez un grenier, et vous lui construisez des palais somptueux ; vous n'avez pas même des vêtements, et pour un vil salaire vous lui tissez des toiles fines ! Il ne vous reste plus un dernier morceau de pain noir à donner à votre famille qui meurt de faim, et vous arrosez de vos sueurs le champ du riche qui jette à ses chiens le pain blanc qu'ils ne veulent même pas ! Voyez-vous ce dé-

dain ! il se rit de vos douleurs et ses enfants insultent aux souffrances des vôtres.
Vous êtes nombreux, unissez-vous et met-
tez enfin un terme à tous ces maux ; vous
le pouvez aisément. Détruisez la tyrannie
dans laquelle vous gémissez, tuez le chef
de l'Etat, qui vous arrête! et partagez-vous
les biens des riches. A vous alors : fortune,
plaisirs, honneurs ; à vos enfants avenir
heureux. N'écoutez pas ceux qui, pour vous
retenir esclaves, vous parlent de vie fu-
ture, de ciel, d'enfer. Le monde n'est
qu'une machine qui va dépérissant, l'homme est tout entier dans cette vie, il n'est
plus rien après la mort. Jouissez donc de
votre existence ; le souverain, c'est le ser-
vage ; la propriété, c'est le vol ; Dieu, c'est
le mal.

Riches, l'ouvrier n'est pas assassin ; il

ne croit pas au méchant qui, après avoir essayé inutilement de vous tromper, veut le tromper aussi et le précipiter avec vous dans un abîme de malheurs. Instruit par l'histoire d'un passé bien terrible et trop récent pour être sitôt oublié, il sait tout ce que ses ancêtres ont eu à souffrir de cette révolution impie qui a tué son père et sa mère. La Loire lui montre ses noyades et les cadavres qu'elle vient de charrier au nom de la liberté. Les chaumières, encore noires et fumantes d'incendies au nom de l'égalité, les terres couvertes d'ossements blanchis, les roches teintes de sang, les prisons, les places sur lesquelles se dressaient les échafauds dans toutes les villes au nom d'une fratricide fraternité, lui rappellent ce que fut la République. Lui aussi a vu des révolutions, et, bien loin d'amoindrir ses peines, elles ont augmenté ses douleurs ; car les guerres intestines, les bouleversements intérieurs détruisent en un jour les pénibles labeurs d'années bien longues, incendient les moissons que l'ouvrier a semées, brûlent la maison qu'il a bâtie et le laissent sans pain et sans asile, déshonorent sa femme et ses filles, et les fils qu'il a élevés avec tant de soucis ; ces fils, l'unique soutien de sa vieillesse rongée par les chagrins et les pleurs, la dernière espérance d'une mère qui pousse des cris de douleur et de désespoir, sont massacrés devant lui par ses concitoyens.

Oh ! révolution sacrilége, tu sèmes partout le déshonneur, la honte et le deuil ; partout tu commandes la mort, tu donnes au frère des armes pour tuer son frère et tu mets, dans les mains de l'enfant, un poignard pour assasiner son père! Quand donc cesseras-tu d'exister avec tes crimes? Quand donc ne seront-ils plus ces monstres odieux, toujours poussant à l'anarchie qui plonge l'ouvrier dans les horreurs extrêmes d'une misère dégradante? Ah! c'est toujours lui qui travaille, c'est toujours lui qui souffre!

Riches, si l'ouvrier hait les révolutions, il ne veut pas vos fortunes, non plus; vos ancêtres qui les ont justement acquises, vous les ont justement léguées. Ce qu'il demande, ce n'est même pas l'opulence, il ne désire qu'une aisance bien modeste. Honnête et laborieux, il veut élever sa famille dans la probité et le travail. Mais rendez ses labeurs moins pénibles; augmentez-en le salaire et laissez-lui le repos nécessaire à ses fatigues, il ne fera que plus pour vous; il est si bon, si reconnaissant!

Pitié, riches, pitié pour le pauvre ouvrier.

Vous surtout, que d'autres plus puissants ont chargé de le commander, songez ce que vous deviendriez à sa place; sans doute, avec moins de courage, vous seriez plus à plaindre. Considérez que vous êtes hommes, que lui aussi est homme et votre égal devant l'Infini. Ecoutez et suivez ce conseil du divin moraliste qui a dit: *Ne faites pas aux autres ce que vous ne voudriez pas que l'on vous fît à vous-même.* Ainsi, soyez bons pour tous ceux qui se trouvent sous vos ordres. Ne leur faites pas mélanger de larmes la nourriture qui leur coûte tant de peines, et que vous ne leur donnez pas. N'affectez pas le dédain pour leur ignorance et leur misère, et sachez, par de douces paroles, alléger des labeurs bien durs. Honorez-les d'un regard et rendez-leur au moins le salut qu'ils sont fiers de vous prodiguer. Ah! ils vous demandent si peu!

Gardez-vous surtout de vous en servir comme de bêtes de somme, et n'en faites pas le jouet de votre ambition et de vos caprices; mais si leurs souffrances ne vous touchent pas, craignez au moins la juste vengeance du Juge Eternel, qui toujours punit l'oppresseur et le tyran. Ne faites donc pas le mal pour le mal, car jamais il ne peut vous en survenir un bien.

Puissants , n'écoutez pas la calomnie

criminelle de ce fourbe adulateur qui prétend se faire valoir, en vous disant : Tel ouvrier ne fait rien, ou il ne sait pas travailler ; ou bien encore : il est trop vieux ; renvoyons-le ; nous en trouverons bien d'autres meilleurs que lui. Mon Dieu , comme cet homme est méchant ; repoussez-le, car il cherche à vous perdre aussi par de basses flatteries ; il veut faire retomber sur vous le lourd poids de ses désordres et de ses crimes envers un innocent.

Tout entier au jeu, à la débauche, il fait endurer à ses subalternes d'ignobles traitements ; il les regarde comme ses esclaves et ces malheureux, n'osant passe plaindre, subissent toutes les exigences dégradantes de leur chef.

Puissants, vous ne vous devez pas seulement à vous-mêmes, mais encore à ces hommes ; votre conscience vous le crie ; le monde tout entier vous le répète, et votre Créateur, un jour, vous en demandera compte.

Pitié, puissants ; pitié pour le pauvre ouvrier.

L'ouvrier n'est pas impie : il voit, dans la religion de Jésus-Christ-Dieu, le culte de l'ordre, du bon sens et de la raison. Sa taille droite, son front élevé et son regard tourné vers le ciel lui marquent son origine et le lieu où il doit tendre. Il sait qu'une intelligence sublime le distingue noblement de la brute qui ne pense pas. Il sait que cette intelligence indivisible et réservée pour un avenir meilleur, ne périt pas avec la matière défectueuse qu'elle anime.

La matière elle-même ne s'anéantit pas; les molécules qui la composent ne font qu'en changer la forme, en changeant de place; car le monde étant effet, en subit toutes les conséquences, et ne cesse de varier dans la disposition de ses atômes, que par la volonté toute puissante du principe qui l'a formé, lorsque encore aucun effet n'existait, mais seulement une cause existant nécessairement par elle-même, formant et déformant son ouvrage, au gré de sa sagesse infinie.

Aussi, l'ouvrier éclairé par la brillante lumière de la vérité dans le christianisme, de même que par les feux du soleil, ne s'arrête pas aux mensonges de tous ces écrivains qui, spéculant sur les plus mauvais instincts populaires, administrent tous les jours aux masses, des leçons de cynisme et d'irréligion, en les mettant à même de boire à longs traits le venin de l'insubordination de l'impiété et de la débauche au calice de l'enfer.

Au contraire, soumis et docile parce qu'il est religieux, il sait unir, dans de justes bornes, à ses devoirs envers son Créateur et Rédempteur, ses devoirs envers ses chefs et le Souverain qu'il s'est choisi et qu'il aime. Il prie Dieu, puissants et riches, de bénir le travail qu'il fait pour vous; il lui demande d'augmenter vos fortunes, de prolonger vos années dans la joie de vos familles. A votre tour, ne restez pas avares de ces richesses qu'il est heureux de vous voir posséder; ne le poussez pas à des excès bien pénibles, en l'abandonnant à sa trop grande misère, et soyez juges peu sévères si le désespoir quelquefois le conduit au crime.

Vous, surtout, qui avez des enfants et qui aimez leurs caresses, songez que lui aussi est père, que lui aussi est tout joyeux de répondre aux tendresses de ses enfants. Considérez combien sont nombreux et pressants les besoins de ces pauvres petits ! hâtez-vous de leur venir en aide.

Donnez, riches ! donnez aux pauvres enfants du pauvre ouvrier.

La saison est devenue bien rigoureuse, la neige tombe ; ciel ! comme il fait froid ! et l'ouvrier est à la rue. Si au moins il avait un abri, un gîte pour sa femme et sa jeune famille ; lui est plus habitué aux souffrances ; mais eux sont si frêles pour endurer tant de douleurs ! L'avare vient de les chasser de leur demeure, parce qu'ils ne peuvent le payer; comme il est barbare, cet homme! Riches, soyez moins cruels; recevez chez vous ces malheureux ; et, dans ces maisons que l'ouvrier vous a bâties, offrez-leur, sous le toit, un tout petit coin que vous n'occupez pas. Oh! que vous les rendrez heureux! toute leur vie ils vous béniront sur la terre et Dieu, dans le ciel, vous en récompensera par un bonheur éternel.

Accueillez, riches, accueillez la pauvre famille du pauvre ouvrier. Regardez ces pauvres petits êtres qui vont pieds nus sur la glace : ce sont les enfants de l'ouvrier. Rentrés dans leur mansarde, ils n'ont pas de feu; couchés sur quelques brins de paille, ils se serrent l'un près de l'autre pour réchauffer leurs membres grelottants; un vent violent fait battre la porte vermoulue et la lucarne entr'ouverte. Leur père et leur mère cherchent vainement, par des caresses inutiles, à leur prodiguer un reste de chaleur qui leur manque à eux-mêmes. Grand Dieu ! ils vont mourir de misère pendant cet hiver.

Riches ! vos enfants portent des chaussures fourrées que vous a faites l'ouvrier ; ils sont heureux dans des chambres chauffées et dorment tranquilles dans de lits moëlleux. Ayez compassion de la froide mansarde, et ne jetez pas ces chaussures que vous ne voulez plus ; donnez-les plutôt à ces pauvres petits, donnez aussi un peu de bois vert que ne peuvent contenir vos granges, donnez encore ces couvertures vieillies qui ne vous servent plus. Comme ils seront contents ; leur père et leur mère vous béniront sur la terre, et Dieu, dans le ciel, vous en récompensera par un bonheur éternel.

Donnez, riches! donnez aux pauvres enfants du pauvre ouvrier.

Sa femme et sa fille sont vêtues de haillons déchirés qui les couvrent à peine.

Riches! votre femme et votre fille portent des étoffes bien belles qu'il vous a préparées. Voyez cette nudité, mais non pour la déshonorer; gardez-vous de faire rougir de honte cette pudeur que le Créateur leur a mise au front. A la misère, n'ajoutez pas l'infamie, et que votre main sacrilége ne leur présente pas une brillante parure, salaire dégradant du crime. Oh! vous seriez bien coupables; d'éternelles tortures deviendraient votre juste châtiment, parce que votre Juge suprême que l'on ne peut tromper, est le vengeur terrible de l'affront fait à l'ouvrier. Donnez-leur la bure grossière que vous méprisez et ces vêtements usés que vous rejetez, vous les rendrez bien heureuses; toute leur vie elles vous béniront sur la terre, et Dieu, dans le ciel, vous en récompensera par un bonheur éternel.

Donnez, riches! donnez à la pauvre femme et à la pauvre fille du pauvre ouvrier.

L'ouvrier boit l'eau croupie du fossé; elle est bien mauvaise pourtant; peut-être il en sera malade! mais il a tant soif et son travail est si pénible; un soleil de plomb le brûle, il est tout ruisselant de sueur.

Vos caves, riches! sont remplies

de vins exquis qu'il vous a vendangés ;
ne lui donnez pas ceux-là, il ne les accep-
terait pas ; il craindrait de vous voir pri-
ver pour lui du nécessaire. Donnez-lui ces
vins que vous ne voulez boire ; vous ra-
nimerez ses forces, et il ne vous en ren-
dra que plus de travail. Il ne les boira
pas seuls pourtant ; il les partagera avec
sa femme qu'il aime et avec ses petits enfants qu'il chérit ; car il est si bon époux,
il est si bon père ! Sa famille, reconnais-
sante, vous bénira sur la terre, et Dieu,
qui a promis de récompenser un verre
d'eau donné en son nom, vous en récompensera dans le ciel par un bonheur éternel.

Donnez, riches ! donnez au pauvre ou
vrier.

Ses enfants ont grand faim ; un salaire

trop médiocre du travail, ne suffit plus à leur donner ce tout petit morceau de pain noir, qu'ils mangent trempé dans un peu d'eau , et dont ils sont si contents. Ah ! sans doute , ils vont mourir de faim.

Riches ! vos champs que l'ouvrier cultive avec tant de peines, sont couverts d'épis jaunissants ; vos greniers fléchissent sous le poids de froments savoureux, et vos tables sont chargées de mets exquis. Voulez-vous que le ciel bénisse vos moissons et votre nourriture , donnez à ces malheureux le pain dur et vieilli que vous ne pouvez manger. Oh ! comme ils seront heureux; toute leur vie, ils vous béniront sur la terre, et Dieu, dans le ciel, vous en récompensera par un bonheur éternel.

Donnez , riches ! donnez aux pauvres enfants du pauvre ouvrier.

L'ouvrier est bien malade : il ne possède plus rien pour soulager ses souffrances. Les tendresses de sa femme et de ses enfants manquant dé tout, sont loin d'adoucir ses douleurs ; elles augmentent , au contraire, son désespoir et hâtent son trépas. Bientôt il va laisser dans une misère affreuse une veuve et des orphelins , et cette pensée le tue ! Riches ! voilà où l'a conduit le travail qu'il faisait pour vous ; hâtez-vous de lui venir en aide à votre tour ; apportez-lui un peu de votre superflu ; vous le rappellerez à la vie , et ses enfants vous béniront d'avoir sauvé leur père, Dieu, sur la terre, vous en récompensera par de longues années coulées dans la joie ; Dieu, dans le ciel, vous en récompensera par un bonheur éternel.

Donnez, riches; donnez au pauvre ouvrier.

Le ciel est chargé d'orages ; la pluie tombe par torrents; les éclairs sillonnent la nue; la foudre craque et tombe : un homme est mort!!! Grand Dieu ! c'est un ouvrier; l'homme de labeurs et de souffrances ne vit plus. Riches! il travaillait encore pour vous. Sa veuve et ses orphelins ont perdu leur dernière ressource, ils restent sans soutien! Qui les accueillera? qui les empêchera de périr de misère ? Bons riches, ce sera vous; et la veuve et les orphelins vous béniront toute leur vie sur la terre; Dieu, après votre mort, continuera ses bontés pour vos enfants dont il sera le père; Dieu, dans le ciel, vous en récompensera par un bonheur éternel.

Donnez, riches! donnez à la pauvre veuve et aux pauvres petits orphelins du pauvre ouvrier.

Riches, des dames, des hommes de dévouement et de vertu viendront frapper à votre porte et vous demander le superflu, un petit coin dans une mansarde délaissée, des chaussures usées, des vêtements grossiers, les miettes de pain qui tombent de votre table. Ah! c'est pour la pauvre famille de l'ouvrier honteux qui n'ose demander, mais souffrir. Songez que ses enfants vont pieds nus, à peine couverts de haillons déchirés, ils ont froid, ils ont grand faim surtout. Ayez pitié d'une aussi grande misère; ayez pitié de ces pauvres petits êtres. Ne repoussez pas ces dames, ces hommes que Jésus et le Prince Impérial vous envoient. Donnez pour ces pauvres enfants; leur père et leur mère vous béniront toute leur vie; Dieu, sur la terre, vous en récompensera par l'abondance dans votre famille; Dieu, dans le ciel, vous en récompensera par un bonheur éternel.

Donnez, riches! donnez pour les pauvres enfants du pauvre ouvrier.

M.-A. ROCHER.

Nimes, imprimerie Roger et Laporte, place Saint-Paul, 5.